EXAMEN MORAL

DES

PRINCIPAUX TABLEAUX

DE LA GALERIE DU LUXEMBOURG

EN 1818,

ET CONSIDÉRATIONS SUR L'ÉTAT ACTUEL DE LA PEINTURE EN FRANCE,

PAR M. STAMATI BULGARI.

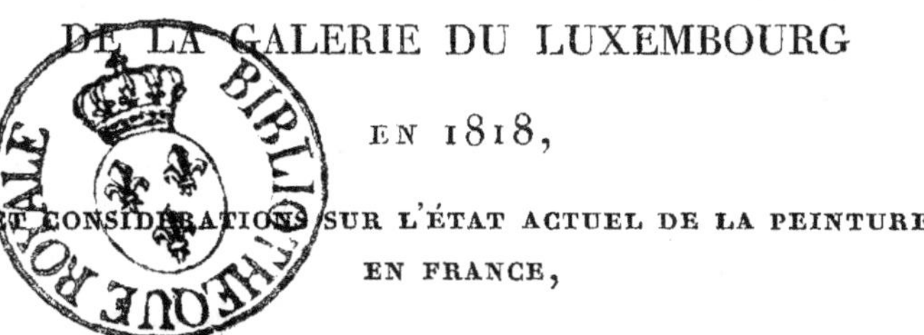

A MON entrée dans la première salle de la galerie du Luxembourg, *Amour et Psyché* attirèrent mes regards. Ce tableau, beau et poétique à la vérité, mais qui n'offre aucune leçon morale, me rappela la fameuse fable d'Esope qui finit par cette sage et remarquable critique : « O la belle tête ! mais elle n'a pas de cervelle. »

En effet, me suis-je dit, le but d'un tableau doit être d'instruire et d'élever l'âme, non de l'avilir et la corrompre, de réprimer son penchant vers le vice et non de l'exciter; il doit la contenir dans les bornes de l'équité et de la vertu.

Les peintres qui conçoivent et exécutent des pensées conformes aux mœurs dissolues de leurs

I

contemporains profanent les arts et ressemblent à ces courtisans qui flattent les vices des princes pour obtenir leurs bonnes grâces.

Les artistes de génie qui consacrent leurs talens à représenter des actions magnanimes méritent non seulement les suffrages des hommes de bien de leur siècle, mais encore ceux de la postérité.

D'après ces principes, l'estime et la considération dues à un artiste doivent être proportionnées au degré d'élévation de ses œuvres vers les convenances de la morale et de la perfection de l'art.

C'est à de telles productions que j'ai cru devoir consacrer toute mon attention.

Je commençai donc mon examen par le tableau : *Date obolum Belisario.*

Ce général, après avoir rendu d'éminens services à l'empereur Justinien, fut condamné à perdre la vue.

Bélisaire, victime d'une cour jalouse et dépravée, conserve dans la mendicité son grand caractère et toute sa dignité.

L'artiste a, on ne peut mieux, exprimé cette situation, qui excite l'indignation dans l'âme la plus insensible et réveille avec force le souvenir d'une noire ingratitude et d'une atroce injustice.

Après ce tableau, j'aborde celui du *Jugement surhumain de Brutus,* qui venge la patrie en condamnant à la mort ses deux fils qui l'avaient trahie. Mes regards, saisis de terreur, n'osent pas se porter sur cette scène de calamité, qui ne présente de tous côtés que la désolation, le désespoir et la mort.

La déchirante position de cet inflexible et vertueux consul romain brise le cœur; celle de ses intéressantes filles et de leur infortunée mère fait verser des larmes, et le spectacle affreux de ses malheureux mais coupables fils, achève d'accabler l'âme. Quelle terrible leçon pour les perfides qui voudraient les imiter!

Plus loin le tableau du *Serment des Horaces* rappelle l'amour de la patrie. L'art énergique du peintre anime leurs traits de couleurs si vives, que le spectateur ne se croit pas devant une toile peinte, mais devant ces héros magnanimes dont le sort doit décider des destins des deux peuples.

Ce tableau, exécuté à Rome, fit, à juste titre, la réputation du peintre, et donna ensuite une nouvelle direction à l'école française; il porte le type de la sévérité du dessin, de la couleur, et celui des temps héroïques de cette grande et puissante république.

Je passe au tableau des *Thermopyles*; ce ne sont plus trois héros romains qui vont affronter la mort pour la prééminence de leur pays : mais trois cents citoyens grecs qui se dévouent à une mort certaine pour la liberté de leur patrie!

Le grand prêtre assiste aux sacrifices ; l'encens brûle sur l'autel du dieu Mars ; des couronnes de fleurs sont offertes à Vénus, et les trompettes guerrières font retentir au loin les vallons, en sonnant l'heure du combat. Déjà les équipages se dirigent vers Sparte ; les sacrifices s'achèvent, et les intrépides Spartiates saisissent leurs javelots pour lutter contre l'armée formidable des Perses.

Léonidas semble préoccupé du résultat de son dévoûment par rapport à la destinée de la Grèce ; le calme de son maintien exprime tout l'héroïsme de cette grande âme, qui dit à ses guerriers en les voyant prendre le dernier repas : Ce soir nous souperons chez Pluton. Au-dessous de cet immortel roi est assis son vaillant frère, pénétré des mêmes sentimens.

A côté d'eux, un vieux guerrier touche le cœur de son fils, pour s'assurer s'il répond à l'enthousiasme qu'il éprouve. Plus loin, un soldat aveugle, enflammé de cet amour patriotique, et excité par les sons des clairons, s'élance avec transport, entraînant son esclave dans la mêlée pour diriger ses pas et ses coups (1). Quelle no-

(1) L'observateur du *Pausanias français,* dont l'introduction contient de grandes vérités, dit, page 164, salon de 1816 : « Cet aveugle, par l'exagération de ses mouvemens, a l'air de crier et d'être prêt à frapper comme un sourd. » Il nous semble que notre censeur se trompe dans cette circonstance, en prenant l'élan noble et généreux du bouillant aveugle spartiate pour une extravagance.

blesse héroïque dans les traits de tous ces guerriers! quel enthousiasme sympathique dans leurs
mouvemens! combien de belles conceptions ne
lirait-on pas dans la tête pensive de Léonidas (1)! et quel portrait frappant des institutions
et des mœurs austères de cet antique et à jamais
mémorable peuple, qui n'agit que pour la patrie
et pour obéir à ses saintes lois!

Dans cet appareil de guerre tout annonce l'ap-
proche du combat, tout parle au cœur de la
première des vertus, tout prédit l'accomplisse-
ment de l'immortelle inscription qu'un des guerriers s'occupe à graver sur le roc :

Ὦ ξεῖν᾽, ἀγγέλλειν Λακεδαιμονίοις ὅτι τῇδε κείμεθα,
τοῖς κείνων ῥήμασι πειθόμενοι.

Peut-on représenter de plus belles actions, les
dessiner et les peindre avec plus de verve et
d'éclat pour émouvoir fortement l'âme et servir
d'exemple aux citoyens dans les dangers de la
patrie !

(1) Cette situation est bien exprimée par les vers grecs
suivans de notre savant helléniste, le fils de l'auteur du
tableau :

ΞΕΝ.   Τί φράζῃ, μεγάθυμε Λεωνίδα, τίπτε μερίμνης
       Ὄμματα πορφυρόεν σ᾽ ἀμφεκάλυψε νέφος;
       Θνήσκειν μέλλεις, ἀλλὰ Λάκωσιν πάτριόν ἐστι
       Πίπτειν μαρναμένοις γῆς ἕνεκα σφετέρας.
ΛΕΩΝΙ. Οὐ πόλμον τρέω᾽ αἰπὺν, ἀλλὰρ.νῷ φράδμονι δίζω
       Ὅππως καί θνήσκων ὠφελέοιμι πάτρην.

Le merveilleux tableau des *Sabines* nous retrace l'amour maternel et conjugal, triomphant de la soif inextinguible de la vengeance, et nous montre la perfection de la peinture.

L'intervention de ces héroïnes, qui se précipitent parmi les combattans en exposant leurs propres enfans aux piques étincelantes de leurs pères et de leurs époux, fait cesser le carnage des deux armées et amène la paix et l'union de ces deux peuples rivaux et belliqueux.

On remarque dans ce chef-d'œuvre le grand style du dessin, l'art grandiose et noble de peindre, surtout la beauté surprenante de la suppliante Hersilie. A l'expression céleste qui règne dans les autres figures principales du tableau, on dirait que l'imagination de l'artiste l'a transporté dans l'Empirée pour y choisir ses modèles. (1)

En m'approchant du tableau de la *Mort de Socrate*, la gloire de la vertu, et le triomphe de la peinture française, je me suis senti ému d'un saint respect pour le divin philosophe. La vue de cette scène sublime et pathétique,

---

(1) Quelle que soit l'élégance de la pose de Romulus et la beauté du dessin, il nous semble néanmoins que son attitude est un peu outrée, et ne convient pas à un guerrier romain de ce temps, nonobstant le moment de la suspension de l'action, et le caractère semi-dieu qu'on attribue à ce héros.

si gravement représentée, frappe d'étonnement l'imagination du spectateur, remplit son âme d'une douce mélancolie, et lui fait partager la douleur profonde qui afflige tous ceux qui assistent au dernier moment de Socrate dans cette obscure et désolante prison; le fils de Sophrosine seul en est exempt. Il conserve son caractère patient et inébranlable, et entretient ses disciples, avec sa douceur accoutumée, de l'importante question du dogme de l'immortalité de l'âme; on croit l'entendre parler, et on est pénétré de ses principes religieux. La vue de la coupe fatale qui doit donner la mort au plus vertueux des hommes, oppresse et déchire le cœur.

Avec quelle curiosité respectueuse les regards suivent les différentes impressions qu'éprouve l'âme de ces illustres disciples. Platon, assis au pied du lit, montre, par son recueillement, l'accablement de son âme. On lit dans la physionomie de Criton une sombre tristesse, et son zèle à exécuter religieusement les dernières volontés de son maître. Le deuil est peint sur la tête d'Apollodore. Un autre disciple, emporté par la fougue de sa jeunesse, pousse des cris de douleur et se révolte contre l'injuste et criminel arrêt des juges. On voit Cébès et Simias porter une vive attention aux discours de leur maître, qui, par sa douce éloquence, par la force de son raisonnement et par la grandeur du sujet, semble élever leurs âmes aux régions éthérées; la magique illusion que produit le tableau y transporte l'âme du spectateur même. Jamais sujet si beau, si touchant, si auguste, ne fut mieux rendu.

Cette inappréciable production porte le cachet d'un génie supérieur, elle est le grand livre du goût, de la morale et de cette divine éloquence de la peinture, qui élève, échauffe et attendrit l'âme.

Le tableau représentant *la Justice poursuivant lè Crime,* fait honneur au peintre, tant pour l'excellence du sujet, que par l'harmonie et la grâce de son exécution.

Tels sont les tableaux qui remplissent l'idée que je me suis formée de la peinture et du but en général de la poésie morale des beaux-arts.

Après le résumé analytique que j'ai essayé de faire de ces belles et nobles compositions, je vais toucher légèrement les sujets de quelques tableaux qui sont en opposition avec ces derniers. C'est aux admirateurs des beaux-arts et de la vertu à juger les uns et les autres.

La tendre et touchante Didon, brûlant d'amour, dans une attitude voluptueuse, étale tous ses charmes, et écoute avec délices le récit des aventures du héros dont elle est éprise. Sa beauté tyrienne, l'élégance de sa parure, la pureté du ciel, les parfums qui embaument son riche pa-

(9)

lais, et l'harmonieux frémissement des ondes légèrement agitées, semblent être propices à sa
flamme. Cupidon, sous les traits d'Ascagne, est
près de sa captive. La sœur de la reine passion-
née, appuyée sur le lit de repos, à côté du fils
de Cythérée, laisse apercevoir, par ses regards
langoureux, qu'elle est prise dans les mêmes
liens.

Cette composition, exécutée avec plus de
goût que de science, blesse et irrite la vertu au-
tant qu'elle charme et échauffe le vice, si ingé-
nieusement voilé, si finement présenté. Notre
vertueux artiste fut, dans cette occasion, trompé
par sa séduisante imagination.

Ne voit-on pas, dans un autre tableau, des
nymphes qui cherchent à échapper aux bras des
satyres, dont la lubricité franchit toutes les
bornes de la décence ?

Plus loin, Léandre est assis près de Héro, et
ses lèvres qu'anime l'amour semblent dire comme
Héloïse :

Je brûle.... de l'amour je sens toutes les flammes.

.... On ne peut pas mieux choisir de ces souvenirs qui troublent les sens, ni les retracer avec
des couleurs plus attrayantes, pour aiguillonner
les passions et exciter leurs désirs.

Un artiste distingué par sa brillante et féconde
imagination, et par la pureté du style de son

dessin, oubliant les vertus de la chaste Diane, saisit avec avidité son seul moment de faiblesse, pour la faire connaître sous le nom de Phébé quittant le ciel, et couvrant la bouche d'Endymion endormi, d'un de ses rayons amoureux.

Nous ne disconvenons pas du beau choix de l'invention ingénieuse et poétique de la pensée (1) : elle est admirable ; mais lorsque de semblables pensées sont exécutées avec tant de délicatesse et de goût, ce n'est qu'un attentat de plus contre les convenances des mœurs et de la morale.

En vain j'aurais cherché à côté de ces sujets lascifs un tableau qui rappelât le remarquable jugement de l'austère sénat de Rome, punissant un Romain pour avoir manqué à la bienséance, en donnant un baiser à sa femme devant sa fille. D'après nos mœurs si délicates et si raffinées en même temps, ce serait un anachronisme que de mettre en scène de si vieilles maximes, de si rigides exemples.

Nous venons d'examiner l'art d'après son esprit moral ; considérons-le maintenant sous le rapport de ses progrès et de sa décadence, depuis sa régénération par David, et son nouveau déclin après l'exil de ce chef de notre école moderne.

Quoique les tableaux de la galerie du Luxem-

---

(1) Cette belle pensée appartient à un auteur grec.

bourg ne soient pas convenablement placés à cet effet, l'observateur attentif les classant dans son esprit par ordre chronologique, voit de suite la belle époque de l'art, et celle de son état stationnaire et de sa chute.

Pour connaître la cause de sa décadence, on n'a pas besoin de puiser dans les annales de la haute antiquité, ni de fouiller dans les cendres de ces opulentes cités, dont à peine les noms nous sont parvenus. C'est dans nos écoles, c'est dans le goût énervé de notre siècle qu'il faut la chercher.

Nos professeurs n'enseignent que par méthode, suivant leur manière de sentir et d'après leur pratique (1). Les beautés sublimes de l'antique ne les électrisent pas; ils en parlent froidement, sans les faire remarquer sur la nature, et sans inspirer le désir de les étudier. Négliger l'étude de l'antique, c'est ramener l'art à son enfance! On ne s'occupe que du poli de l'exécution, si admiré des faux connaisseurs, si aimé de nos belles dames! Voilà le talent du jour, voilà le talent transcendant qu'il faut acquérir pour obtenir le

(1) Les élèves qui ne suivent pas cette pernicieuse doctrine, et qui étudient d'après leurs dispositions et leur heureux instinct, sont rebutés et découragés. Nous n'espérons que sur la persévérance et le génie de tels élèves, pour voir quelques beaux débris de l'art échapper au naufrage qui le menace.

prix de Rome, ceindre sa tête du laurier triom-
phal, voir ses ouvrages figurer dans les galeries
et dans les salons à la mode, et porter cette glo-
rieuse décoration, pour laquelle on prodiguait
naguère tant de sang sur les champs de bataille!

Ces prix, ces couronnes et ces rubans distri-
bués avec profusion, et parfois au gré de la fa-
veur, étaient à peine accordés à la célèbre école
de David, où on étudiait plusieurs années avant
d'oser se présenter au concours. Maintenant, il
ne faut que peu de temps d'apprentissage pour
être reçu en loge (1). Les prix de Rome et les tableaux des pensionnaires se ressentent généra-
lement de cette légèreté des études, de cette
pratique manufacturière, et rappellent les mouvemens exagérés de nos acteurs, et leurs accou-
tremens de théâtre.

Rome ne donne pas des talens à tous; la pureté du beau ciel d'Égypte contribuait aux progrès de l'astronomie, mais il devenait téné-
breux pour ceux qui ne connaissaient pas les
élémens de cette science : de même les chefs-
d'œuvre de Rome ne sont profitables qu'aux
élèves qui font de bonnes études et aux génies
innés, et non point à un *fabricant d'esquisses,*

(1) Le maître d'Apelle voulait que ses élèves fréquen-
tassent son école pendant dix ans : si on observait ce principe, nous n'aurions pas cette fourmilière de petits peintres
ignorans qui dégradent l'art.

ou, comme on dit dans les ateliers, à un *blai-reauteur* qui à peine sait signer son nom.

A l'école si renommée de David, il n'y avait pas un mode déterminé d'exécution, comme cela a lieu dans les autres écoles; les élèves y étaient guidés par leurs sentimens. On y observait avec rigueur la loi qui prescrit de ne jamais s'écarter de la nature, c'est-à-dire de la copier naïvement, sans rien ajouter du sien.

C'était d'après cet immuable principe que ses élèves étudiaient les belles formes et les proportions de l'antique, surtout cette expression divine qui le caractérise, et que personne ne peut atteindre.

On y apprenait aussi à sentir les grands maîtres d'Italie et à s'enrichir des beautés de Rome avant d'y aller. La dextérité et le fini de la brosse, si appréciés maintenant, n'en ont jamais imposé au maître de cette école (1). Ce Tacite de la peinture, si pur et si sévère, qu'un de ses tableaux apprend plus que tous ceux de ses contemporains, guidait ses élèves, non seulement selon leurs dispositions, mais encore selon leur caractère : ce que ne fait aucun de nos professeurs, dont les

(1) Cette espèce de mépris pour le fini est bien fondé, puisque l'attrait séduisant de cette partie secondaire de l'art, et le prix qu'on y attache, font négliger à l'élève les qualités les plus importantes qu'exige une étude sérieuse et de longue haleine.

ateliers ne produisent que des talens médiocres et de la même touche. (1)

Le patriarche de la peinture, le sénateur Vien, qui se déclara le premier contre le mauvais goût de son temps, et donna l'exemple de l'imitation de la nature, dit, en parlant de ces gens qui donnent leurs principes et leur exemple pour règle : Toutes leurs productions, ainsi que celles de leurs élèves, n'ont qu'une physionomie, un masque d'emprunt. Cette sentence peut s'appliquer au plus grand nombre de nos professeurs ; c'est ainsi qu'un peintre italien, homme d'esprit, disait, mais avec moins de raison, à l'égard de Paul Veronèse et de Tintoré : « Ne vous laissez pas captiver par leurs qualités séduisantes. »

On voit aussi, avec le même regret, que les artistes négligent trop l'instruction si nécessaire aux beaux-arts ; car le sentiment du beau, qui fait souvent le sujet de leurs entretiens, sans celui des lettres qui forment le goût, ne produit que des ouvrages faibles et sans caractère.

Le célèbre David, qui donna à la France le goût des beautés grecques, et augmenta ainsi sa gloire, disait à ses élèves : « Un artiste sans instruction prive son art de son plus bel ornement.» Il n'a jamais été partisan de l'Académie de pein-

----

(1) Il est curieux de voir, dans ces ateliers, les études léchées des plus anciens élèves servir de modèles aux plus jeunes.

ture ; il la croyait plus nuisible qu'utile aux progrès des beaux-arts ; « un élève de l'Académie, disait-il, ressemble à un aveugle conduit par douze chiens. » (1)

Qu'aurait-il pensé maintenant de ces doctes, dont les leçons tendent à éteindre la dernière lueur du flambeau de l'art qu'il avait rallumé ? Qu'aurait-il pensé encore, de certains élèves de son école, qui ont oublié jusqu'à ses principes, et que sa réputation importune ?

(1) Les expressions familières à cet artiste pour se faire comprendre par ses élèves, la plupart de différentes nations, n'étaient pas recherchées, mais elles étaient d'une si grande justesse, qu'elles leur laissaient de vifs souvenirs. Quel beau sujet à traiter que la dernière leçon de cet esprit philosophique de l'art! Ce serait une fleur de plus pour notre Musée ; ce serait un hommage que la reconnaissance rendrait au génie. Un triste silence régnait dans l'école déjà en deuil et dans la consternation. Le modèle était en repos ; les anciens élèves étaient autour de leur maître pour mieux le voir, pour mieux l'écouter, pour mieux saisir ses derniers avis ; d'autres élèves, touchés également de la perte qu'ils allaient faire, s'efforçaient d'étouffer leurs soupirs, de retenir leurs larmes ; les plus jeunes, immobiles à leurs places, prêtaient une vive attention à cette importante leçon, et voyaient avec douleur leur carrière interrompue, l'espoir de leur gloire évanoui. Le doyen de l'école, assis à l'écart et la tête penchée, laissait échapper quelques sanglots, prévoyant l'anéantissement de cette fameuse école. Les statues des Muses et d'Apollon paraissaient elles-mêmes attentives et affectées. Près de ces

Malheureusement pour les arts, la fausse doctrine s'est propagée depuis l'exil de cet illustre peintre, et ses sages et savans préceptes s'évanouissent. Ses ouvrages seuls passeront à la postérité pour servir de modèles aux artistes de vocation, d'ornement à sa patrie, d'exemple à l'héroïsme et à la vertu, et de monument à sa renommée.

monumens sacrés, un prélat grec, que la renommée de l'école y attira ce jour, écoutait debout et en extase le grand peintre parler, avec tant de respect et de vénération, des chefs-d'œuvre de la Grèce dont il déplorait le sort. Jamais il n'avait raisonné des arts ni plus long-temps ni avec plus d'inspiration; c'était une source intarissable de sentences et de règles prononcées par cet oracle de la peinture.

Tel serait le tableau fidèle qui nous représenterait les élèves du Raphaël français écoutant sa dernière leçon.

FIN.

DE L'IMPRIMERIE DE CRAPELET,
rue de Vaugirard, n° 9.